小跳豆 Jumping Bean 幼兒 自理 故事系列

我會自己上廁所

U0111538

新雅文化事業有限公司
www.sunya.com.hk

小跳豆
幼兒自理故事系列

跟着跳跳豆和糖糖豆一起學習照顧自己！

　　自理能力，是指憑自己的能力來獨立完成事情。在孩子學習自理的過程中，不單是訓練他們的日常生活技能，也是培養他們的責任感和自信心。因此，家長要懂得適時放手，相信孩子的能力，而且要把握關鍵的時機，在 2 至 3 歲開始教導孩子基本的自理能力，讓他們不再依賴。

　　《小跳豆幼兒自理故事系列》共 6 冊，由跳跳豆和糖糖豆透過貼近生活的圖畫故事，帶領孩子一起學習自己進食、刷牙、上廁所、收拾玩具，並養成良好的作息和主動做功課的習慣，提高孩子對各種自理能力的認識及實踐的動機。

　　書後設有「親子小遊戲」，以有趣的形式培養和鞏固孩子的自理能力。「自理小貼士」提供一些實用性建議予家長，有效幫助孩子養成良好習慣。

　　在孩子學習自理的過程中，難免會遇到困難，家長可以耐心地鼓勵他們嘗試自己解決，讓他們有進步的空間，在面對困難和挫折中學會成長。

讓親子閱讀更有趣！

　　本系列屬「新雅點讀樂園」產品之一，若配備新雅點讀筆，爸媽和孩子可以使用全書的點讀和錄音功能，聆聽粵語朗讀故事、粵語講故事和普通話朗讀故事，亦能點選圖中的角色，聆聽對白，生動地演繹出每個故事，讓孩子隨着聲音，進入豐富多彩的故事世界，而且更可錄下爸媽和孩子的聲音來說故事，增添親子閱讀的趣味！

　　「新雅點讀樂園」產品包括語文學習類、親子故事和知識類等圖書，種類豐富，旨在透過聲音和互動功能帶動孩子學習，提升他們的學習動機與趣味！

想了解更多新雅的點讀產品，請瀏覽新雅網頁(www.sunya.com.hk)或掃描右邊的QR code進入 。

如何使用新雅點讀筆閱讀故事？

1. 下載本故事系列的點讀筆檔案

1 瀏覽新雅網頁(www.sunya.com.hk) 或掃描右邊的QR code 進入 新雅·點讀樂園 。

2 點選 下載點讀筆檔案 ▶ 。

3 依照下載區的步驟說明，點選及下載《小跳豆幼兒自理故事系列》的點讀筆檔案至電腦，並複製至新雅點讀筆的「BOOKS」資料夾內。

2. 啟動點讀功能

開啟點讀筆後，請點選封面右上角的 新雅·點讀樂園 圖示，然後便可翻開書本，點選書本上的故事文字或圖畫，點讀筆便會播放相應的內容。

3. 選擇語言

如想切換播放語言，請點選內頁右上角的 粵 ☆ 普 圖示，當再次點選內頁時，點讀筆便會使用所選的語言播放點選的內容。

4. 播放整個故事

如想播放整個故事，請直接點選以下圖示：

5. 製作獨一無二的點讀故事書

爸媽和孩子可以各自點選以下圖示，錄下自己的聲音來說故事！

① 先點選圖示上 爸媽錄音 或 孩子錄音 的位置，再點 OK，便可錄音。

② 完成錄音後，請再次點選 OK，停止錄音。

③ 最後點選 ▶ 的位置，便可播放錄音了！

④ 如想再次錄音，請重複以上步驟。注意每次只保留最後一次的錄音。

有一天，媽媽帶糖糖豆
去探望胡蘿蔔太太。
胡蘿蔔太太說：
「小胡蘿蔔快上幼稚園了，
是時候跟紙尿褲說再見了。
可是他還未學會自己上廁所。」

媽媽告訴胡蘿蔔太太，
當初怎樣鼓勵糖糖豆自己上廁所。
那時候，媽媽給糖糖豆
準備了一個小便盆，
放在廁所裏的一角。

媽媽對糖糖豆說：
「這是你的專用廁所，
當你想尿尿或便便時，
就要先脫下褲子，
然後坐在這裏。」

媽媽還特地在便盆旁邊的牆上，
貼了幾張糖糖豆最喜歡的
卡通貼紙，
「這樣你坐在便盆上
便不會感到悶了。」媽媽說。

「現在，我們來玩一個練習
上廁所的遊戲吧！
每當聽到媽媽喊『小便』時，
你就趕快跑向便盆。」
媽媽提議說。

媽媽還教糖糖豆上廁所時要
注意的事情，例如：
每次上廁所後，
小心把褲子整理好，
還要把雙手洗乾淨和抹乾後
才可以離開廁所。

有一天，跳跳豆和糖糖豆
一起看動畫片。
他們一邊看，
一邊哈哈大笑。

突然，糖糖豆跑向便盆，
可是，她還沒來得及脫下褲子，
就尿濕了。
媽媽安慰糖糖豆説：
「不要緊！下次再試試！」

媽媽還給糖糖豆買了
漂亮的褲子，
上面有她最喜歡的圖案呢！

媽媽又教糖糖豆怎樣穿褲子。
她說：「有圖案的是正面，然後
我們先把一隻腳穿進一個褲管裏，
再把另一隻腳穿進另一個褲管裏，
最後往上拉。」

糖糖豆經過不斷嘗試。終於有一天，
她對媽媽說：「媽媽，今天我
每次小便都趕得及上廁所，
一次也沒有尿濕褲子啊！」
媽媽稱讚她做得真好。

胡蘿蔔太太十分感謝
豆媽媽的分享，
她還稱讚糖糖豆
是個能幹的大孩子呢！

親子小遊戲

小朋友，糖糖豆學習上廁所。哪些事情她做得對呢？請在 ☐ 內加 ✔。

A.

整理褲子 ☐

B.

幫忙沖掉倒入馬桶內的排泄物 ☐

C.

清洗雙手 ☐

D.

顧着看電視，不上廁所 ☐

答案：A、B、C

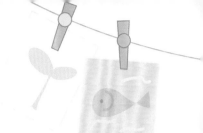

輕輕鬆鬆跟紙尿褲說再見！

- 訓練孩子自己上廁所前，首先要看看孩子是否懂得用言語表達上廁所的需要，以及是否懂得自己穿脫褲子，這些都有利進行上廁所訓練。

- 給孩子穿上訓練褲或內褲，告訴孩子穿內褲表示他已經長大了，讓他為此感到自豪。

- 讓孩子觀看並模仿父母或兄弟姊妹上廁所的步驟。

- 為孩子預備合適的便盆，可讓他參與挑選，並把便盆放在孩子熟悉且固定的地方。

- 當孩子坐在便盆上時，可陪伴他看喜愛的故事書或談天，讓他感受到坐在便盆上尿尿或便便是件快樂的事。

- 父母把排泄物倒入馬桶後，可以請孩子幫忙沖掉，讓孩子認識馬桶是要帶走尿尿或便便的地方，為孩子日後過度至使用馬桶作準備。

小跳豆幼兒自理故事系列
我會自己上廁所

原著：楊幼欣
改編：新雅編輯室
繪圖：郝敏棋
責任編輯：趙慧雅
美術設計：陳雅琳
出版：新雅文化事業有限公司
香港英皇道499號北角工業大廈18樓
電話：(852) 2138 7998
傳真：(852) 2597 4003
網址：http://www.sunya.com.hk
電郵：marketing@sunya.com.hk
發行：香港聯合書刊物流有限公司
香港荃灣德士古道220-248號荃灣工業中心16樓
電話：(852) 2150 2100
傳真：(852) 2407 3062
電郵：info@suplogistics.com.hk
印刷：中華商務彩色印刷有限公司
香港新界大埔汀麗路36號
版次：二〇二一年三月初版
二〇二二年一月第二次印刷
ISBN: 978-962-08-7574-8
© 2021 Sun Ya Publications (HK) Ltd.
18/F, North Point Industrial Building, 499 King's Road, Hong Kong
Published in Hong Kong, China
Printed in China